Wir sind die Bürokratie

## Zur Person des Autors

Jahrgang 1962, Diplomkaufmann, seit 2003 Hausmann, verheiratet, 5 Kinder.

Immer im Nahkampf mit den Windmühlen der Bürokratie, vom BAföG-Antrag bis zur Steuerklärung.

Gerne können Sie Ihre Kritik, Anregungen und Kommentare loswerden unter **ludwig.breitfeld@web.de**.

LUDWIG BREIFELD

# Wir sind die Bürokratie

**Bibliografische Information der Deutschen Nationalbibliothek:**
Die Deutsche Nationalbibliothek verzeichnet diese Publikation
in der Deutschen Nationalbibliografie; detaillierte bibliografische
Daten sind im Internet über http://dnb.dnb.de abrufbar.


© 2019 Ludwig Breifeld
Satz, Umschlaggestaltung, Herstellung und Verlag:
BoD - Books on Demand, Norderstedt

ISBN: 978-3-7494-5710-6

# Inhalt

# Vorwort

*Die Kultur geht unter in der Menge, in Buchstabenlawinen, im Wahnsinn der Masse.*

Milan Kundera

# Kapitel A

## Einführung – Im Würgegriff der Bürokratie

Von der Wiege bis zur Bahre – Formulare, Formulare!
Die meisten von uns werden zustimmen, dass wir uns mitten im Dschungel der Bürokratie befinden.

Wer kennt nicht den Frust mit Formularen, den nervigen Umgang mit Behörden und das Gefühl der Ohnmacht, dem Staat ausgeliefert zu sein?

Es scheint so, als ob der Wahnsinn ausgebrochen ist.
Niemand kann das staatliche Chaos mehr überblicken! Man unterschreibt Formulare, die man nicht einmal verstanden hat, und ist für das, was man in diesen Vordrucken angegeben hat, voll verantwortlich.

Doch Bürokratie ist mehr als die in Formulare gepresste Welt!
Wörtlich bedeutet sie die Herrschaft der Verwaltung.

Hier in diesem Buch soll eher die umgangssprachliche Bedeutung verstanden werden, also der Wust an Gesetzen, Paragraphen, Vorschriften, Ausnahmen und Gerichtsurteilen, der gesamte Irrgarten unseres Rechtssystems und natürlich der Formularkrieg mit den Behörden.

Neben der staatlichen Bürokratie wächst auch die private Bürokratie, denken Sie nur einmal an die fünfzig Seiten Versicherungsbedingungen, wenn Sie eine x-beliebige Versicherung abschließen. Auch hier hat der Wahnsinn Methode und kennt kein Zurück mehr.

Leider hat die Bürokratie den Hang, sich ständig auszudehnen und das tägliche Zusammenleben zu verkomplizieren. Ein Gesetz, eine Vorschrift und ein Gerichtsurteil jagt das nächste und wir fragen uns, wer das eigentlich alles so will.

*Bürokratie ist die Vervielfältigung von Problemen durch die Einstellung weiterer Beamter.*

Cyril Parkinson

Theoretisch dienen das Recht und die Verwaltung zur Vereinfachung und Erleichterung des Zusammenlebens der Menschen, praktisch kann davon schon lange nicht mehr die Rede sein.

Im Gegenteil, die Bürokratie in Deutschland und auch europaweit hat sich von dem Alltagsleben der Menschen völlig abgekoppelt. Sie führt ein Eigenleben, so dass man sich sogar fragen muss, ob so ein Staat im Staate noch in eine Demokratie passt.

Mittlerweile ist unsere davongaloppierte Bürokratie nur noch ein Abschreckungsbeispiel, wie ein moderner Staat nicht aufgebaut sein sollte.

Unser Recht hat sich nach und nach mit seinen wuchernden Gesetzen in alle Lebensbereiche so hineingefressen, dass es uns zu ersticken droht. Wir sind so überreguliert, dass wir uns vor lauter Paragraphen kaum noch retten können.

Das Thema, warum wir die Bürokratie und damit dieses Chaos sogar wollen, soll auch nicht zu kurz kommen.

Es ist kaum zu glauben, aber wir sind persönlich schon so bürokratieverkorkst, dass wir nach noch mehr Gesetzen und Vorschriften schreien, wenn irgendetwas nicht so läuft, wie es unseren Vorstellungen entspricht.

Mit dem rasanten technologischen, wirtschaftlichen und gesellschaftlichen Wandel führt uns die Bürokratie geradewegs in eine Sackgasse. Sie verzettelt sich immer weiter und hinkt hoffnungslos der schnelllebigen Entwicklung hinterher.

*Nachdem wir das Ziel aus den Augen verloren haben, verdoppelten wir unsere Anstrengungen.*

Mark Twain

# Kapitel B

## Das Mäntelchen des Rechtsstaats

Laut Wikipedia ist ein Rechtsstaat ein Staat, dessen verfassungsmäßige Gewalten durch Recht und Gesetz geregelt und beschränkt werden, womit staatlicher Willkür vorgebeugt werden soll.

Aber haben wir überspitzt formuliert überhaupt noch einen Rechtsstaat? Wir haben doch »dank« unserer Bürokratie eher ein Rechtschaos als einen Rechtsstaat.

Ironischerweise wird die Bürokratie bei jeder Kritik an ihren Auswüchsen mit dem Hinweis verteidigt, dass dadurch unser Rechtsstaat gefährdet sei.

Dabei ist es genau umgekehrt, der Rechtsstaat wird durch die Bürokratie zerfressen und schwebt in akuter Gefahr, seinem Namen nicht mehr gerecht zu werden.

Mehr und mehr Willkür liegt auf Seiten der Bürokratie, die monströser und unberechenbarer wird.

Jede Änderung des Systems wird als Angriff auf den Rechtsstaat wahrgenommen und nicht als notwendige Eindämmung hemmungsloser Bürokratie.

Fordert man beispielsweise eine Reduzierung der aufgeblähten Gesetze, wird von vielen Seiten vehement darauf verwiesen, dass damit unser Rechtsstaat in Gefahr kommt.

Würden wir unser Steuersystem auch nur ein bisschen vereinfachen, so würden unzählige Anwälte, Steuerberater, Richter und auch so manche Bürger darin einen Anschlag auf unseren Rechtsstaat sehen und mit allen rechtlichen Mitteln dagegen vorgehen.

Schließlich ist es unvermeidbar, dass es bei Änderungen der Gesetzeslage zu bestimmten Nachteilen und zur Abschaffung von Privilegien für einzelne Gesellschaftsschichten kommt. Reformen durchzuführen, bei denen es nur Gewinner gibt, ist praktisch unmöglich.

Folglich müssen wir unseren Rechtsstaat vor der Bürokratie schützen! Ansonsten wird unser Rechtsstaat mehr und mehr zurückgedrängt.

Die Bürokratie versteckt sich also geschickt unter dem Mäntelchen des Rechtsstaats. Damit macht sie sich schwer angreifbar, denn der Rechtsstaat steht zu Recht außerhalb jeder Kritik.

Weniger Bürokratie und mehr Rechtsstaat, so muss die Losung heißen!

# Kapitel C

## Ohne Gesetze geht es nicht

*Möchten doch diejenigen, welche in steter Angst davor leben, es könnte in Zukunft in der Welt zu viel Demokratie und Individualismus geben und zu wenig Autorität und Schätzung des Amts, sich endlich beruhigen: Es ist nur allzu sehr dafür gesorgt, dass die Bäume der Freiheit nicht bis in den Himmel wachsen.*

Max Weber

Sehnen wir uns nicht alle nach Klarheit, Verlässlichkeit und Stabilität? Da ist doch eine »moderate« Bürokratie, also feste Regeln für viele Alltagssituationen, genau das Richtige! Es macht unser Leben einfacher und verbindlicher.

Gerade für viele Menschen in den Ländern der Dritten Welt wäre eine funktionierende Bürokratie ein Segen. In diesen Ländern stöhnt man unter Korruption und mangelnder Verwaltung. Ohne Mindestmaß an Bürokratie kann also kein Gemeinwesen funktionieren.

Niemand wird widersprechen, dass wir grundsätzlich vernünftige und sinnvolle Strukturen brauchen, um ein gutes Zusammenleben zu gewährleisten.

Wobei kann uns dabei eine »moderate« Bürokratie helfen und worin bestehen deren Vorteile?

Bürokratie – ob moderat oder nicht – soll wie bereits erwähnt auf der Rechtsordnung unseres Staates fußen, das heißt alle Gesetze, Vorschriften und deren Einhaltung beruhen auf rechtlichen Regelungen unserer Gesellschaft. Der Rechtsstaat ist also die Basis dieser Ordnung.

Das heißt auch, dass die Institutionen des Staates nicht willkürlich Entscheidungen treffen können, sie müssen sich an seine Gesetze halten. Notfalls helfen uns die Gerichte bei der Durchsetzung unseres Rechts.

Die Verwaltung darf nicht heute so und morgen anders entscheiden, sie ist damit verlässlich und berechenbar.

Die bestehenden Regeln entlasten sowohl die Bürger als auch den staatlichen Verwaltungsapparat, weil nicht für alle Sachverhalte jedes Mal eine neue Lösung gefunden werden muss.

Dank der staatlichen Ordnung werden keine voreiligen Entscheidungen getroffen. Man lässt sich etwas Zeit, aber nicht zu lange, um gründliche Entscheidungen zu treffen und sozusagen nicht aus der Hüfte heraus zu schießen.

Die Behörde muss alle Bürger gleich behandeln und sich neutral verhalten.

Der Staat schützt seine Bürger, denken wir nur mal an die Vorschriften für Arbeitssicherheit oder für Umweltschutz.

So ungefähr könnte man den Idealfall der bürokratischen Strukturen umschreiben.
    Leider haben wir in Deutschland und auch in Europa keine solche Bürokratie und wir müssen uns wohl oder übel mit deren Auswüchsen herumschlagen.

Grundsätzlich brauchen wir ja ein gewisses Maß an Ordnung, aber bitte so viel Bürokratie wie nötig und so wenig Bürokratie wie möglich, wir sind aber längst über dieses Ziel hinausgeschossen.

Mit Ordnung hat das nichts mehr zu tun, es ist höchstens eine Ordnung, die uns längst über den Kopf gewachsen ist.

Ein moderner Sozialstaat braucht viele Regelungen, das wird niemand bezweifeln.

Zu Recht fordern die Menschen beispielsweise den Erhalt und Ausbau sozialer Leistungen des Staates.

Leider geht das aber nicht ohne steigende Regulierung mit der dazugehörenden unvermeidlichen Bevormundung der Bürger.

Bis zu einem gewissen Grad brauchen wir also die Bürokratie, aber doch nicht so übertrieben, dass wir in ihrem Labyrinth die Orientierung verlieren.

Wird die Bürokratie übermächtig, schränkt sie unsere Freiheit zu sehr ein, sie erreicht also das Gegenteil von dem, was ihr eigentlicher Zweck ist. Sie soll den Menschen dienen und nicht die Menschen in einem Sumpf an Vorschriften versinken lassen.

*Ach, umsonst auf allen Länderkarten*
*Spähst du nach dem seligen Gebiet,*
*Wo der Freiheit ewig grüner Garten,*
*Wo der Menschheit schöne Jugend blüht.*

Friedrich Schiller

# Kapitel D

## Der Glaube, dass uns Gesetze weiterhelfen

Weil wir wissen, dass es nicht ganz ohne Bürokratie geht, werden wir verleitet zu glauben, dass es nur mehr Gesetze braucht, um in einem Staat Probleme anzugehen.

Das ist in den Köpfen der Menschen so verankert, dass auch wir Bürger ständig neue Regelungen und Vorschriften fordern, um die anstehenden Aufgaben unserer Gesellschaft zu bewältigen.

Der unerschütterliche Glaube, dass Gesetze es richten werden, ist fast schon eine Fortsetzung des typisch deutschen Obrigkeitsglaubens.

Dem Staat werden allmächtige Kräfte zugetraut, man braucht nur ein Gesetz zu machen, dann kommt schon alles in die richtigen Bahnen.

Frei nach Heinz Erhardt statt noch ein Gedicht noch ein Gesetz und noch eins …

Diese Leichtgläubigkeit, dass Gesetze uns immer voranbringen, stellt ein großes Hindernis beim notwendigen Wandel unserer Gesellschaft dar und führt uns geradewegs in noch mehr Bürokratie.

Noch schlimmer steht es mit dem »Aberglauben« an internationale Beschlüsse.

Nehmen wir als Beispiel die Weltklimakonferenzen, in der so viele Staaten der Erde unterzeichnen, dass die globale Temperatur nur geringfügig ansteigen darf.

Nur weil es beschlossen wird, nehmen wir an, dass es dann so kommen muss.

Die Umsetzung solcher Beschlüsse sind reine Wolkenkuckucksheime, die mit der Realität nichts zu tun haben. Durch Beschlüsse wird der Klimawandel bestimmt nicht aufgehalten.

Die Welt richtet sich nicht nach unseren Beschlüssen, die über pure Wunschvorstellungen kein bisschen hinauskommen.

*Die Dinge sitzen im Sattel und reiten die Menschheit.*
Ralph Waldo Emerson

## Der Glaube an höhere Mächte

Es ist schon sprichwörtlich, dass man vor Gericht und auf hoher See in Gottes Hand ist. Damit ist gemeint, dass alles und auch das Gegenteil herauskommen kann.

Die Gesetze und deren Auslegung sind nun mal so vertrackt, dass eine Vorhersage, wie denn ein Urteil ausgeht, keineswegs sicher ist.

Interessanterweise gilt das auch innerhalb bürokratischer Institutionen, dass die Sachverhalte oftmals nicht so klar sind und die Behördenmitarbeiter in dem Bürokratieverhau mehr hoffen und glauben als wissen.

Bei einer Untersuchung im öffentlichen Sektor hat man überraschenderweise festgestellt, dass die Beschäftigten auffallend an irrationale, nicht sachbedingte Vorgänge glauben – an das bloße Glück und an Gebete.

Dies ist besonders erstaunlich, weil gerade Bürokratien definitionsgemäß nach rationalen Prinzipien arbeiten.

Wie kommt dieser Widerspruch zustande?

Die Antwort liegt möglicherweise in dem Gefühl der Machtlosigkeit, die man in einer großen, unpersönlichen Organisation hat.

*Das unpersönliche Funktionieren einer Bürokratie muss oft wie das Walten von Kräften erscheinen, die völlig jenseits persönlicher Einflussnahme liegen.*

David McClelland

# Kapitel E

## Alles geregelt und nichts ist klar!

Im Nebel der Paragraphen ist zwar »alles« geregelt, aber funktionieren tut noch lange nichts.

Es scheint paradox, dass mit einem Mehr an Gesetzen eine größere Rechtsunsicherheit entsteht.

Vor lauter Verordnungen und Vorschriften fehlt es an allen Ecken und Enden an geeigneten, praktikablen und notwendigen Regelungen.

Nehmen wir als Beispiel einen harmlosen Zusammenstoß zweier Autos auf einem Parkplatz.

Heutzutage braucht man dafür Anwälte, Gutachter und ein Gericht, die alle die Lösung des lächerlichen Problems endlos hinauszieht und nur für teures Geld arbeiten.

Die gegnerische Versicherung weigert sich zu zahlen, weil die rechtliche Situation – wer trägt wie viel Schuld am Unfall? – ohne die Gutachter und Anwälte nicht zu klären ist. Der Schaden verdoppelt und verdreifacht sich durch das Rechtschaos.

Die Rechtskosten stehen in keinem Verhältnis mehr zu den ursprünglichen Unfallkosten und die Regulierung des Schadens zehrt an den Nerven der Beteiligten und zieht sich wie ein Kaugummi in die Länge.

Zweites Beispiel:
Das Mietrecht kennt unzählige Regelungen und Gerichtsurteile, aber das Wichtigste lässt sich damit bisher nicht verhindern: endlos steigende Mieten in den Ballungsgebie-

ten und kaum noch bezahlbare Wohnungen für den sozial schwächeren Teil der Bevölkerung.

Was nützen uns Tausende gut gemeinter Regelungen, um die Rechte der Mieter zu stärken, wenn wir gar keine Wohnungen mehr bekommen, die wir uns leisten können?

Ständig ist von der Mietpreisbremse die Rede, aber eben nur die Rede, die entsprechenden Gesetze bringen einfach nichts.

Ab einem bestimmten Regulierungsgrad, den wir längst überschritten haben, funktioniert die Bürokratie nur noch eingeschränkt, sie wird zum Bremsklotz der Gesellschaft und dient nur noch sich selbst.

Die Überdosis Bürokratie macht das Gift des Rechtschaos.

So schlagen die Vorteile der Bürokratie ganz schnell in Nachteile um, die das Zusammenleben in der Gesellschaft viel schwieriger machen, als es sein sollte.

In manchen Situationen ist nicht einmal klar, welches Recht Anwendung finden soll. Hier gilt es erst mal zu klären, ob beispielsweise Länderrecht oder Bundesrecht oder doch EU-Recht zuständig ist.

Bei der Vielzahl an Gesetzen und Urteilen kann es nicht ausbleiben, dass die Behörden bei demselben Sachverhalt so und dann wieder anders entscheiden. Auch die Mitarbeiter in Behörden sind nur Menschen und können das ganze System, in dem sie stecken, nicht mehr durchschauen.

Dabei ändern sich die Gesetze mit rasender Geschwindigkeit, neue kommen hinzu, eine Vielzahl von Richtern urteilt zusätzlich darüber, niemand kann da noch auf dem Laufenden bleiben.

Die Bürger kennen sich in diesem Dschungel erst recht nicht mehr aus und sie verstehen nicht, warum der Bescheid so lange dauert, wem die Vorschriften eigentlich dienen sollen und warum es so viele Ausnahmen gibt.

*Rechtsunsicherheiten ringsumher. Wer zählt die Tricks, die allenthalben erfunden werden, um trotzdem zu einigermaßen vernünftigen Lösungen zu kommen? Wer misst die Energien, die überall in zermürbenden Kleinkriegen verschwendet werden?*

Heik Afheldt

# Kapitel F

## Iudex non calculat

»Iudex non calculat« steht für »der Richter rechnet nicht«.

Das soll heißen, dass ein Urteil nicht durch die Summe von Argumenten für und wider eine Sache entsteht, sondern durch die Überzeugungskraft der einzelnen Argumente.

Die Richter zählen also nicht die Argumente, sondern wägen sie gegeneinander ab, welche sie mehr oder weniger gewichten müssen.

Das hat schon seine Richtigkeit, denn Gerechtigkeit lässt sich nicht so einfach berechnen.

Aber vielleicht sollte man diesen Ausspruch doch erweitern.

Die Richter nehmen keine Rücksicht darauf, wie viel Aufwand bei einer einzigen Bagatelle getrieben wird und ob so mancher Prozess erst in Jahren entschieden wird.

Es geht ihnen kaum darum, wirtschaftlich zu arbeiten, egal wie groß der Stau in der Rechtsprechung anwächst.

Eher im Gegenteil nimmt man auf solche Zwänge keine Rücksicht. Vielleicht wird dadurch die eigene Wichtigkeit noch unterstrichen. Wer will schon lediglich ein stur ausführendes Organ des Staates sein?

Zu diesem manchmal schwierigen Gehabe der Richter passt auch eine weitere Eigenart des Rechtssystems, es ist die Sprache der Juristen.

Deutscher als deutsch kann nur Juristendeutsch sein. Es ist eine Art gestelztes Obrigkeitsdeutsch, bei der man dem Rest der Bevölkerung zeigen kann, dass man in höheren Sphären schwebt.

Die juristische Sprache ist extra schwer verständlich und schließt große Teile der Bevölkerung – nicht nur die mit ausländischen Wurzeln – wegen des Sprachverständnisses aus. Gerne verwendet man auch lateinische Floskeln, um die eigene hohe Bildung hervorzukehren.

Versuchen Sie einmal, Urteilen unseres Bundesverfassungsgerichts zu folgen, die hin und wieder im Fernsehen übertragen werden. Sie müssen Jurist sein, damit Sie mehr verstehen als den Anfang »Im Namen des Volkes«.

Schwer zu akzeptieren ist diese besserwisserische Art, nur in Paragraphen zu schwelgen und möglichst komplizierte Lösungen zu suchen.

Diese akademische Haltung stammt aus einem längst vergangenen Jahrhundert und nichts kann die Kluft zwischen dem Volk und »denen da oben« besser zum Ausdruck bringen kann.

In den Niederlanden gibt es eigene Bürgerbeauftragte, bei denen man sich beschweren kann, wenn man mit der Amtssprache nichts anfangen kann. Teilweise darf man sogar einen Bescheid zurückschicken, wenn man ihn nicht verstanden hat. So was wäre in Deutschland undenkbar.

*Die zehn Gebote sind deshalb so kurz und logisch, weil sie ohne Mitwirkung von Juristen zustande gekommen sind.*

Charles de Gaulle

»Justice delayed is justice denied« heißt es im Englischen und beschreibt treffend, dass verzögertes Recht eigentlich verweigertes Recht darstellt.

Der Satz stammt, wie man schon vermuten kann, aus der angloamerikanischen Rechtswelt und ist im deutschen

Rechtsbewusstsein praktisch unbekannt. Wenn Prozesse erst nach vielen Jahren entschieden werden, welchen Wert soll dieses Recht haben?

Wenn das Recht erst am Sankt-Nimmerleins-Tag zugestanden wird, ist es dann nicht verweigertes Recht?

Oftmals verzichten die Bürger auf ihr Recht, weil die Gerichte so überlastet sind, dass ein Urteilsspruch einfach zu lange dauert, und der Rechtsweg auch zu teuer werden kann.

Insgesamt ist es unverständlich, dass in einem Land wie Deutschland solche Zustände akzeptiert werden.

Jeden Mist übernehmen wir von Amerika, warum orientieren wir uns nicht an dieser sinnvollen Einrichtung?

# Kapitel G

## Der Kampf gegen Windmühlen

Wenn Ehrenamtliche wegen der fürchterlichen Bürokratie ihr Engagement beenden, wenn Altenpfleger wegen der nicht mehr praktikablen Vorschriften ihren Dienst quittieren, dann sind wir an einem Punkt angelangt, an dem es so nicht mehr weitergeht.

*Man staunt erschrocken »über eine Gesellschaft, die sich im Laufe der Jahre in ein dichtes Netz aus Tausenden von Gesetzen und Verordnungen, Richterrecht, aus Institutionen und Bürokraten und einem Wust unverständlicher Begriffe so eingesponnen hat, dass einem Hören und Sehen vergeht und das Atmen schwerfällt«.*

Heik Afheldt

Hut ab, wenn Sie Ihre Lohnabrechnung oder Ihren Rentenbescheid, die Nebenkostenabrechnung für Ihre Wohnung oder gar Ihre Steuererklärung verstehen!

An diesem Wahnsinn haben wir uns schon so gewöhnt, dass wir es als völlig normal ansehen, wenn wir nichts kapieren. Unser Wissen in Sachen Bürokratie wird mehr und mehr zum Stückwerk, ein großer Teil der Bevölkerung versteht nur noch Bahnhof und wird immer weiter ausgegrenzt.

Kein Wunder, dass die Leute unseren bürokratischen Staat einfach satthaben, so was führt sehr schnell zu Staatsverdrossenheit. Es besteht sogar eine Gefahr für unsere Demokratie, denn radikale Rattenfänger könnten früher oder später aus diesem Sumpf ihre Stimmen bei der nächsten Wahl holen.

Ohnmächtig stehen wir einem Rechtssystem gegenüber, das völlig außer Kontrolle geraten ist.

Frustriert ziehen wir uns in unser Schneckenhaus zurück und kümmern uns nur noch um unsere eigenen Angelegenheiten. Ein paar arme Irre werden zu Reichsbürgern und machen auf Konfrontation zum Staat.

In Frankreich geht das Volk auf die Straße, wenn ihm etwas nicht passt. Es wird gestreikt, leider auch randaliert und gewalttätig vorgegangen. Wenigstens merkt in Frankreich die Politik, dass etwas schiefläuft.


Von staatlicher Seite wird bemängelt, dass die Leute keinen Respekt mehr vor öffentlichen Einrichtungen haben. Aber umgekehrt ist es genauso, der Staat hat keinen Respekt vor uns, schließlich sind wir Bürger einem übermächtigen Staat ausgeliefert.

Eine Reform jagt die nächste, Gewohntes und Bewährtes wird rücksichtslos über den Haufen geschmissen, wer kann da noch mitkommen?

Wer will denn überhaupt diesen Sumpf an Bürokratie und wer braucht diese gnadenlose Hektik im ganzen System?


Uns platzt der Kragen, wenn wir an die zahlreichen Schlupflöcher im Steuersystem denken und findige Steuerberater und Juristen für die reiche Gesellschaftsschicht ganz legale Tricks auf Lager haben.

Wir Bürger fühlen uns von einem aufgeblähten Staat gegängelt und haben kein Verständnis, wenn es gerade für diejenigen Privilegien gibt, die es am wenigsten nötig haben.


Der Natur- und Umweltschützer Hubert Weinzierl beklagte »ein immer höheres Umweltbewusstsein in einer immer kaputteren Umwelt«. Begleitet von »lähmender Hektik« spricht man zwar ständig über die Umwelt, aber es ist alles nur »sinnloses Gequatsche«.

Nicht anders geht es uns mit den bürokratischen Auswüchsen. Es wird unheimlich viel gesprochen, hektisch werden Gesetze gestrickt, aber was kommt dabei heraus? Soll dieser Wirrwarr an Paragraphen unsere Demokratie sein?

*Je dichter das Netz, desto mehr will man heraus, während gerade seine Dichte verwehrt, dass man herauskann. Das verstärkt die Wut gegen die Zivilisation. Gewaltig und irrational wird gegen sie aufbegehrt.*

Theodor Adorno

Nicht nur wir in Deutschland ächzen unter einer ungeheuren Bürokratie, auch in Italien ist es nicht viel anders. Die italienische Bürokratie bremst die wirtschaftliche Entwicklung enorm, zum Beispiel werden Bauprojekte ewig hinausgezögert und harren der Genehmigung.

Eine Folge davon ist, dass der Anteil ausländischer Investitionen in Italien im Vergleich zu anderen Volkswirtschaften sehr niedrig ist. Es fehlen die Geduld und das Vertrauen der ausländischen Investoren.

*Das Leben in Italien ist festgefahren, geregelt, überorganisiert. Ich hätte Jahre gebraucht, mich daran zu gewöhnen.*

Socrates (brasilianischer Fußballer)

»Niemand hat die Absicht, einen Flughafen zu bauen«

So lauten Postkarten in Berlin, um das Desaster des Flughafenbaus auf die Schippe zu nehmen.

Der Bau des neuen Flughafens Berlin Brandenburg (BER) ist ein Lehrstück in Sachen Bürokratie.

Schon einige Chefs wurden verschlissen, ernsthaft wurde

darüber diskutiert, den ganzen Komplex völlig abzureißen und wieder neu aufzubauen. Was für ein Wahnsinn!

Weil das Projekt so lange dauert, sind viele Vorschriften, nach denen man ursprünglich gebaut hat, schon wieder veraltet. Neuere und strengere Vorschriften müssen aber berücksichtigt werden.


Mittlerweile hat man einen Verwaltungsfachmann für den Chefposten des Flughafenbaus ausgewählt. Vielleicht kommt der eher mit der überregulierten Baubranche klar.

Das Großprojekt wird auch »das brandenburgische Handlaufmuseum« genannt, weil in Brandenburg drei Handläufe für Kinder, Erwachsene und behinderte Menschen bei allen Treppen angebracht werden müssen.

Auf der ganzen Welt wird es wahrscheinlich keinen Flughafen geben, bei dem diese Vorschrift erfüllt sein muss.

Das ist natürlich nur ein Beispiel von vielen, warum dieses Großprojekt zwölf Jahre nach Baubeginn in 2006 noch nicht fertig geworden ist und zudem unnötig teurer wird. Klar, dass bei sich ständig ändernden Vorschriften die Kosten explodieren müssen!

Der ganze BER ist eine einzige Schande und der Beweis, dass der Würgegriff der Bürokratie zur Erstarrung unseres Landes führt.


*Die Bundesrepublik ist in Gefahr, sich selbst zu ersticken – und offenbar merkt es keiner mehr.*

*Wer fühlt sich für die Abschaffung von Einrichtungen und Regelungen verantwortlich?*

*Wer entsorgt uns wieder von einst vielleicht gutgemeinten und sogar sinnvollen Vorschriften?*

Heik Afheldt

# Kapitel H

## Die Steuerbürokratie – Im Auge des Hurrikans

Das deutsche Steuerwesen ist der Inbegriff einer verkorksten Bürokratie, die Monster-Bürokratie schlechthin!

Das Steuerrecht schlägt alle Fliegen mit einer Klappe, es sind nur die falschen Fliegen:

Es ist kompliziert!

Bevor es zum berühmten Showdown der Steuererklärung kommt, steht die Lohn- oder Gehaltsabrechnung.

Hiermit haben wir zwar keine Arbeit als Steuerzahler – das übernimmt unser Arbeitgeber –, aber das System zeigt schon, wo der Hammer hängt. Kopfschüttelnd haben wir einen unverständlichen Wust an Zahlen zu akzeptieren.

Ein befreundeter Steuerberater erklärte mir, dass zwar Reisekostenabrechnungen für Firmen heutzutage aus Kostengründen im Ausland erstellt werden, aber bei Lohnabrechnungen funktioniere das nicht, diese sind viel zu kompliziert, erst recht wenn man der deutschen Sprache nicht mächtig ist.

Es ist nervig!

Die Steuererklärung ist doch die nationale Zeitverschwendung!

Wer kennt nicht die große Heimsuchung? Alle Jahre wieder kommt der Fiskus mit seinen bescheuerten Kästchen-salat-Formularen.

Die darin verwendeten Begriffe sind teilweise bar jeder Vernunft: Beispielsweise haben »Werbungskosten« im Steuerjargon rein gar nichts mit Werbung zu tun, es sind bei der Berufsausübung anfallende Kosten. Diesen und anderen Schwachsinn müssen wir einfach über uns ergehen lassen.

Selbst wer für teures Geld einen Steuerberater nimmt, muss erst einmal Unmengen von Belegen zusammensuchen und ordnen.

Dann bekommen wir eines Tages den Zahlensalat in Form des Steuerbescheids zurück. Aha, nachdem wir bei der Erklärung nicht viel verstanden haben, setzt sich das gleiche Spiel beim Bescheid fort.

Was anderes war auch nicht zu erwarten!


Es ist unverständlich!

Wir unterschreiben geheimnisvolle Formulare, die wir nicht verstehen, manchmal wissen wir nicht einmal, worum es überhaupt geht, geschweige denn dass wir die Details durchschauen.

Dabei sind wir zur Mitwirkung verpflichtet und laufen Gefahr, dass bei falschen Angaben die Handschellen klicken. Fast nirgends demonstriert der Staat seine Macht so gnadenlos wie in Steuerangelegenheiten.

Vom gesunden Menschenverstand her würde man jedem raten, nur das zu unterschreiben, was man versteht.

Aber wir unterschreiben, treu und doof, wie wir sind, weil wir bereits aufgegeben haben.

Leider lässt sich dieser Sachverhalt genauso auf andere Rechtsbereiche übertragen.


Es ist ungerecht!

Der eigentliche Skandal findet weltweit statt:

Die reichsten Unternehmen und Privatpersonen der Welt finden dank einer hochbezahlten Armada von Unternehmensberatern und Steueranwälten die Schlupflöcher im weltweiten System der Steuervermeidung, ganz legal und ohne Hintertürchen.

Es ist ungeheuerlich!

Es geht ja nicht nur um Paragraphen, nein, diese ziehen einen Rattenschwanz an Richtlinien und Gerichtsurteilen nach sich.

Angeblich ist ein erheblicher Anteil der weltweiten Steuerliteratur in deutscher Sprache verfasst. Ist das nicht komplett bescheuert?

Es ist nicht effizient!

Heerscharen von Steuerpflichtigen stehen mit ihren Steuerberatern den Beamten und Verwaltungsangestellten des Fiskus gegenüber. Unzählige Richter müssen die Kämpfe in Bahnen lenken und sorgen für die nötige Portion Extra-Chaos.

Logisch, dass der viel beschäftigte Apparat langsamer arbeitet als gewünscht. Nicht selten fallen Entscheidungen oft erst nach Jahren mühsamer Gefechte vor Gericht.

Es ist unverschämt!

Wir sind gläserne Bürger, die alles offenlegen müssen und immer und überall kontrolliert werden.

Automatisch werden wir so behandelt, als ob wir unter Verdacht stehen würden.

Der herablassende Umgang mit den Bürgern, die sofortige Drohung mit Strafen, die Rücksichtslosigkeit, selbst bei Kleinigkeiten zu zeigen, wer der Herr im Hause ist, all das untergräbt das Verhältnis von Staat und Bürgern.

Eine bayerische Behörde hat einmal darauf hingewiesen, dass »Gesetze unabhängig davon auszuführen sind, ob sie sinnvoll, zweckmäßig oder bürgerfreundlich sind«. Muss man darauf extra noch hinweisen?

Es ist systemlos und wirr!
Die komplexen Steuergesetze und vor allem deren Durchführung gleichen eher einem Wirrwarr von Einzelfallentscheidungen als einem logischen System.

Ständige, hektische Änderungen, Ausnahmen, Gerichtsurteile und Sonderfälle prasseln unablässig auf alle Beteiligten nieder und überfordern die Bürger und den ganzen Staatsapparat.

Es ist erstarrt!
Natürlich gibt es Absichtserklärungen der Politik, das Steuerrecht zu vereinfachen, aber bisher war es nur leeres Gerede, immer nur Blabla und nie konkrete Taten. Im Gegenteil, die Situation hat sich nur verschlimmert, ständig werden neue Forderungen gestellt, die das Steuerchaos noch mehr ausweiten.

Welche Partei setzt sich ernsthaft für eine einfachere Steuergesetzgebung ein? Die kleinste Änderung würde den vielen Besitzständlern sauer aufstoßen und Wählerstimmen kosten.

Wenigstens wäre die Heraufsetzung von Grundfreibeträgen nötig, damit nicht jede Kleinigkeit angegeben werden muss. Genauso wäre auch eine Reduzierung der unendlichen Ausnahmen notwendig.

Aber sofort würde ein Wehklagen einsetzen, dass bestimmte Bevölkerungsgruppen einen Nachteil der Reform haben und ein Aufschrei der Entrüstung würde durch die Republik gehen.

Es ist absurd!
Welche angeschafften Bücher gelten als Fachliteratur und sind vom Beruf her steuerlich absetzbar?

Welche Bestimmungen gelten gerade für die Anerkennung von Arbeitszimmern?

Welche Medikamente kann man als Krankheitskosten ansetzen?

Abertausende von Rechtsstreitigkeiten warten vor den Gerichten jahrelang auf einen Urteilsspruch.

Es ist undurchsichtig!

Nicht mal Insider, also die Steuerexperten, können das ganze System überblicken.

Die Bürger, die diesem System hilflos ausgeliefert sind, können nicht anders als widerwillig mitmachen.

*Wir sind nur noch Sterbliche, die darauf abgerichtet sind, unsterblichen Institutionen zu dienen.*

*Wir sind fügsam, langweilen uns und sind abgestumpft. Gefangen in Organisationen, wurden wir zu Sklaven hierarchischer Herrschaftssysteme, die unbeseelt weiterexistieren, weil niemand sie ändern kann.*

Robert C. Townsend

# Kapitel I

## Besitzstände in der Bürokratie

*Aus heutiger Sicht ist es ganz einfach nicht vorstellbar, wie unser Staat seine Lähmung überwinden kann. Die riesige Bürokratie der öffentlichen Hand ist gefesselt durch ungeeignete Gesetze, Vorschriften und Gewohnheiten. Schon die geringste Innovationsinitiative scheitert zumeist an sozialen Besitzständen.*

*Auf diese Weise sind wir an einem gefährlichen Punkt angelangt: Unsere Bürger glauben nicht mehr an die Wandlungsfähigkeit ihres Staates.*

Reinhard Mohn

Eine der größten Ungerechtigkeiten im deutschen Sozialabgabensystem ist gleichzeitig ein Mega-Besitzstand:

Die meisten Selbständigen, Freiberufler und alle Beamten zahlen ganz offiziell weder in das gesetzliche Krankenkassensystem noch in die Rentenversicherung ein.

Das ist sehr unfair, weil eine finanziell starke Gesellschaftsschicht seine eigenen Kassen hat und der Rest schauen kann, wo er bleibt.

Auf der Tatsache, dass ein kleiner Teil der Bevölkerung einen großen Anteil der Einkommenssteuern trägt, wird ständig herumgeritten, um eine Senkung der Einkommenssteuer für Besserverdiener zu erstreiten. Keiner von diesen Schlaumeiern weist aber darauf hin, dass der sozial schwächere Teil der Bevölkerung bereits die ganzen Sozialabgaben zu stemmen hat.

In Österreich hat man dieses veraltete System längst abgeschafft, bei uns wird oft darüber geredet, aber passieren tut nie etwas.

Der Beschäftigungsaufbau der Bürokratie wirkt sich nicht nur auf der staatlichen Seite aus. Mehr Beamte im Finanzamt brauchen mehr Steuerberater auf der privatwirtschaftlichen Seite. Mehr Richter ziehen mehr Rechtsanwälte und Gutachter nach sich und so weiter. Das gilt für fast alle öffentlichen Bereiche.

Die Anwälte, Notare, Richter und Berater verdienen nicht schlecht, viele von ihnen würden für das Zehnfache (!) des gesetzlichen Mindestlohns keinen Finger krumm machen.

Sie sind so beschäftigt, dass sie fast unter der Last ihrer Arbeit zusammenbrechen. Vielleicht finden sie auch deshalb ihre Arbeit so ungeheuer wichtig und werden dazu verleitet, in manchen Fällen für Wucherpreise zu arbeiten.

Interessanterweise schimpfen auch diese »Privilegierten« über die Bürokratie, obwohl gerade sie am meisten vom gesamten Chaos profitieren. Der Grund könnte sein, dass auch ihnen die Arbeit einfach über den Kopf wächst.

Ganz hilflos ist ja der kleine Mann auch nicht, er hat auch einen Besitzstand, die Rechtsschutzversicherung!

Damit kann man zwar keinen großen Blumentopf gewinnen, aber wenigstens ab und zu zeigen, dass man im Konzert der Großen mitmischen darf.

Rechtsschutzversicherungen sind Fluch und Segen des Systems zugleich.

Obwohl sie längst nicht alle Risiken abdecken, haben sie ihren festen Platz im deutschen Rechtswesen.

Natürlich ist es sinnvoll, wenn man angesichts der hohen Rechtskosten eine Rechtsschutzversicherung einschalten kann, aber wo führt das hin?

Es werden noch mehr Streitigkeiten vor Gericht ausgetragen, die Gerichte sind sowieso schon überlastet und die Verfahren ziehen sich noch weiter hinaus.

Eine eigene Spezies wird dadurch ermöglicht, der »allseits beliebte« Prozesshansel. Er findet immer eine Möglichkeit, gegen Hinz und Kunz einen Streit vom Zaun zu brechen und die Sache vor Gericht auszutragen. Hier geht es nur noch auf Kosten der Allgemeinheit ums Prinzip. Solchen Leuten gehört einfach der Hahn abgedreht.

Unbestritten ist wohl, dass der Rechtsstaat durch die Masse an »Bagatellstreitigkeiten« ausgehöhlt wird.

Wichtigere Angelegenheiten müssen dadurch auf die lange Bank geschoben werden.

Nehmen wir als weiteres Beispiel für Besitzstände die zusätzliche Bürokratie der Selbständigen.

Eigentlich müsste es die Scheinselbständigen-Bürokratie heißen. Sie ist ein Vorzeigeobjekt für völlig überflüssige, ja sogar schädliche Bürokratie.

Ganze Branchen zersplittern sich in unzählige selbständige Unternehmen, ob Heizungsbauer oder Hausmeisterservice, Paketausfahrer oder Reinigungsfirmen und so weiter.

Wer sich selbständig macht, zahlt wie bereits oben erwähnt nur noch freiwillig in die gesetzlichen Kassen ein.

Dafür »freuen sich« die Steuerberater, denn ohne komplizierte Steuererklärungen geht bei Selbständigen gar nichts. Die zusätzliche, teure Bürokratie lohnt sich aber trotzdem für alle Beteiligten, denn sie können ungeniert Sozialabgaben vermeiden und nicht nur den protzigen Geschäftswagen steuerlich absetzen.

Nur die Allgemeinheit schaut wieder einmal mit dem

Ofenrohr ins Gebirge, denn die hat wieder Beitragszahler eingebüßt.

Sollte der Unternehmer aber später einmal scheitern oder krank werden, dann ist auf einmal wieder die Allgemeinheit zuständig. Nichts hat derjenige gespart, nichts für das Alter auf die Seite gelegt, er muss dann von den öffentlichen Kassen durchgefüttert werden.

Die pendelnde Putzfrau – ein Beispiel, warum wir am bestehenden Chaos nichts ändern können.
Eine reiche Münchnerin braucht eine Putzfrau für ihre Villa in Grünwald, dem Nobelviertel von München. Die Putzfrau findet sich, kann aber nur aus fünfzig Kilometer Entfernung nach München pendeln. Weil die Mieten in München viel zu hoch sind, kann sie dort keine Wohnung finden.

Das ganze Arbeitsverhältnis ist nur möglich, weil sich der Staat steuerlich spendabel zeigt und sich an den Fahrtkosten der Putzkraft mit der Pendlerpauschale beteiligt. Gerechter wäre es, der Reichenhaushalt übernimmt die kompletten Kosten für die Putzfrau, also auch die täglichen Fahrten zur Arbeit.
Die Putzfrau ist nicht nur das Beispiel dafür, dass die reichen Münchner zu wenig für das Putzen bezahlen, sondern auch dafür, dass der Staat mit gut gemeinten Steuererleichterungen einen verkehrspolitischen Infarkt begünstigt.

Es ist aus mehreren Gründen sinnlos, Arbeitsplätze in ohnehin überlasteten Regionen zu bezuschussen. Würde man am System was ändern, sowohl die Putzfrau als auch die reichen Münchner würden auf die Barrikaden gehen. Aber keine Angst, es bleibt alles so, wie es ist. Wer rüttelt schon an Besitzständen und möchte einen Proteststurm auslösen?

Vielleicht sollte die reiche Münchnerin etwas mehr bezahlen – Unverschämtheit – und nicht die Putzfrau vom Staat entlastet werden. So oder so gibt es in München zu wenig Wohnungen und die Verkehrssysteme – ob öffentlich oder privat – stehen vor dem Zusammenbruch.

Wäre es nicht besser, einen Teil der Arbeitsplätze, einen Teil der Studienplätze und so weiter aus München heraus zu verlagern. Das müsste der Staat fördern und nicht zusätzliche Pendler in die Großstadt subventionieren. Abgesehen davon ist es ein Wahnsinn, wie viel Zeit und Stress die Pendler auf sich nehmen müssen.

Logisch, dass Änderungen nur gegen den Widerstand der Beteiligten durchgeführt werden können. Jede Änderung ist schließlich mit Abschaffung von Privilegien verbunden.

# Kapitel J

## Soziale Missstände der Bürokratie

Zunächst einmal geht überzogene Bürokratie mit hohen volkswirtschaftlichen Gesamtkosten einher. Diese können eigentlich kaum gemessen werden und alle Berechnungen sind deshalb mit großer Vorsicht zu genießen.

Es gibt schon Statistiken, was die Bürokratie kostet, von zig Milliarden Euro jährlich allein in Deutschland ist hier die Rede.
Aber wie will man dabei sinnvolle und wichtige Aufgaben für das Gemeinwesen von Überflüssigem und Unnützem trennen?

Und wie will man die Milliarden von Stunden zählen, die von den Bürgern oder in der Privatwirtschaft für bürokratische Zwecke aufgebracht werden?
Und niemand kann die nicht durchgeführten Projekte zählen, die von der Bürokratie verhindert werden.

Jedenfalls ist klar, je höher diese Kosten sind, desto mehr Wohlstandsverlust entsteht für die Allgemeinheit.
Irgendjemand muss schließlich für den aufgeblähten Apparat blechen. Und das Geld fehlt dann anderswo.

Gerade kleine Unternehmen werden durch die Bürokratie übermäßig stark belastet. Sie können nicht wie größere Unternehmen eigene Mitarbeiter für bürokratische Pflichten abstellen. Schnell sind kleinere Unternehmen mit der Gesetzesflut finanziell und personell überfordert und wurschteln sich eher am Rande der Legalität durch.

Besonders die sozial schwächeren Schichten der Bevölkerung haben durch die überzogene Bürokratie mehrere Nachteile:

Sie verstehen die Sprache der Juristen aufgrund ihrer Herkunft oder ihrer Bildung nicht so gut.

Sie können sich keine aufwendige Rechtsberatung aufgrund ihrer finanziellen Verhältnisse leisten.

Bei sozial Schwächeren geht es meist um »kleinere Beträge«, bei denen sich Anwälte und Steuerberater nicht gerade um die Mandanten reißen. Hier findet sich keine Lobby bei der Durchsetzung ihrer Interessen.

Fast könnte man meinen, dass System setzt absichtlich hohe bürokratische Hürden, damit möglichst viele Leute von ihrem Recht Abstand nehmen. Die Anträge für Sozialhilfe oder für BAföG gleichen einem Spießrutenlauf.

Es gibt keine Schlupflöcher für sozial schwächere Bürger, sie müssen brav ihre Lohnsteuer und Sozialabgaben zahlen und können nicht wie so viele Besserbetuchte diesem System ein Schnippchen schlagen.

Bei den Reichen unterscheidet praktisch niemand, ob es sich um Leute mit hohem Einkommen handelt oder um sehr vermögende Personen.

Bei den Bürgern mit hohem Einkommen hat der Staat noch halbwegs Zugriff und kann Steuern kassieren.

Die großen Vermögen bleiben aber in unserem Steuerrecht faktisch unangetastet. Hier gibt es genügend Tricks der internationalen Steuerberater, um auf vielfältige Weise legal am

Fiskus vorbeizukommen. Für diese Superreichen ist Deutschland fast schon ein Steuerparadies.

Eine Einführung der Vermögenssteuer könnte hier ein klein wenig Abhilfe schaffen. Logisch, dass diese Forderung als purer Kommunismus verteufelt wird.

# Kapitel K

## Wer braucht schon unsere Industrie?

Die schleichende Deindustrialisierung Deutschlands

Unser Rechtssystem arbeitet kräftig an der Demontage der deutschen Industrie.

Ursprünglich mit den besten Absichten versehen, machen die Politik, rigorose Gerichte und unsere allgegenwärtigen Ämter der Industrie das Leben schwer.

Mit Bürokratie und knallharten Auflagen werden die Unternehmen in die Ecke gedrängt.

Dabei wird übersehen, dass niemand das Zeitalter der Globalisierung zurückdrehen kann.

Den Unternehmen steht nämlich eine mächtige Alternative zur Verfügung, die darin besteht, die Produktion oder zumindest »heikle« Produktionsstufen ins Ausland zu verlagern.

Dies kann unfreiwillig durch das Untergehen ganzer Industrien geschehen oder die Unternehmen ergreifen die Initiative selbst und verlagern bestimmte Produktionsstufen ins Ausland.

In jedem Fall kommen dann dieselben Produkte als Importe wieder zurück. Unsere Konsumgesellschaft verzichtet bestimmt auf nichts.

So bleibt nur noch ein »Hauch von Industrie« erhalten.

Wenn in Deutschland – nehmen wir als Beispiel die energieintensive Produktion von Stahl – massiv Arbeitsplätze abgebaut werden und die Emissionen, die bei der Produktion entstehen, in Zukunft in China anfallen, dann haben wir nichts gewonnen. Die Chinesen produzieren sicherlich mit weniger Umweltauflagen, noch mehr Dreck fällt an und dieser wird global zu spüren sein.

Die Pointe dieses Vorgangs kann man darin erkennen, dass sich unsere Politik dann für weniger Ausstoß an Klimagasen auf die Schulter klopft. Wir müssen also noch stolz darauf sein, was wir alles für die Umwelt leisten. Dabei haben wir nichts anderes gemacht, als den Schwarzen Peter weiterzuschieben. Was nützt uns weniger Dreck vor der Haustür und dafür noch mehr auf globaler Ebene?

Schließlich spielt es weltweit kaum eine Rolle, wo die Emissionen in die Umwelt gelangen, denn der Klimawandel und die Umweltverschmutzung wirken sich global aus.

Leider kommt erschwerend hinzu, dass die Industrie selbst viel zu langsam auf Umweltfragen reagiert und schon viel Vertrauen verspielt hat. Auf der einen Seite muss man die Daumenschrauben der Regulierung anziehen, auf der anderen Seite bringt es aber nur dann etwas, wenn die Probleme nicht einfach ins Ausland verfrachtet werden.

Überhaupt stellt sich hier die Frage, wie stark die Regulierung sein soll, wo zu viel und wo zu wenig reguliert wird.

Daran sieht man, dass mehr Gesetze noch lange nichts bringen, es braucht das richtige Maß an Regulierung. Natürlich wäre es genauso falsch, die Entwicklung einfach dem Spiel der freien Märkte zu überlassen.

*Der Zeitpunkt, da die Industrie der Öffentlichkeit versichern konnte, wir werden Umweltprobleme auf freiwilliger Basis in den Griff kriegen, ist schon verpasst. Erst wenn Gesetze kamen, wurde etwas getan, aber vorausschauend und durch eigene Initiative ist viel zu wenig passiert.*

Leo Brawand

Nehmen wir als nächstes Beispiel die deutsche Automobilindustrie.

Natürlich haben die Autobosse mit dem Dieselbetrug – die tatsächliche Feinstaubbelastung durch die Fahrzeuge war viel höher als angegeben – ein massives und unverzeihliches Eigentor geschossen.

Aber wenn unsere staatlichen Mühlen erst mal so richtig ins Rollen kommen, bleibt kein Stein auf dem anderen. Wir haben völlig undurchsichtige Fahrverbote in den Städten, umstrittene Grenzwerte für die Staubbelastung beim Diesel, der ausgerechnet der sparsamste Verbrennungsmotor ist.

Die eigentliche Herausforderung für die Autohersteller kommt aber erst durch die EU:

Die Neufahrzeuge sollen bis 2030 insgesamt sauberer werden, was ja zunächst eine lobenswerte Absicht ist!

Aber wie soll das geschehen? Die heutige Antwort der Europäischen Union fällt radikal aus, denn dafür muss der Anteil der Elektrofahrzeuge in den nächsten Jahren rapide steigen.

Das wäre schön und gut, wenn die E-Autos sauberer wären. Aber sind sie das wirklich, wenn schon bei der Herstellung der Batterien für die E-Autos große Mengen von Rohstoffen und Energie verbraucht werden. Erst nach Jahren des Fahrbetriebs kann man theoretisch von einem sauberen Antrieb sprechen.

Bei E-Autos kommt der Dreck halt nicht mehr aus dem Auspuff, sondern er fällt vorgelagert an.

Auch Solaranlagen, die übrigens praktisch nur noch aus China kommen, müssen erst einmal aufwendig hergestellt und herangekarrt werden. Auch hier dauert es Jahre, bis die Anlagen theoretisch sauberen Strom erzeugen. So gesehen sind auch die erneuerbaren Energien noch lange nicht sauber.

*Die Deutschen wollen in der Energiefrage mit nationalen Alleingängen Musterschüler sein. Manchmal sägen wir aber an dem Ast, auf dem wir sitzen.*

Hartmut Wurster

Dabei ist es äußerst umstritten, ob auch bei weiterem Ausbau der erneuerbaren Energien, wirklich in großem Stil Strom konstant zur Verfügung stehen kann.

Wahrscheinlich braucht es für die Energiewende noch eine Menge ganz neuer Technologien, die erst entwickelt werden müssen.

Überehrgeizig wie die EU-Bürokraten nun mal sind, werden die E-Autos mit null Emissionen angesetzt. Man tut einfach so, als ob diese Fahrzeuge sauber sind, obwohl das eigentlich nicht der Fall ist.

Politik, Gerichte und Bürokratie sind eifrig dabei, Teile der deutschen Automobilindustrie aus dem Land zu vertreiben. So gesehen, kann die Lobby der mächtigen deutschen Autoindustrie in Brüssel nicht allzu groß sein.

Das Argument ist immer, dass die deutsche Automobilindustrie den Trend zum Elektroauto verschlafen hat.

Aber die Gefahr besteht darin, dass mit Milliardeninvestitionen die falsche Technologie gefördert wird und dann womöglich neue, wirklich saubere Technologien verschlafen werden.

Und die Autokäufer? Die kümmern sich zurzeit recht wenig um die Umwelt, gefragt sind dicke, PS-starke, benzinfressende Autos, ganz nach amerikanischem Vorbild! »Nach uns die Sintflut!«

Wieso kümmert sich die EU nicht auch um den Dreck, den die vielen Flugzeuge ausstoßen?

Obwohl das Fliegen die Umwelt sehr belastet, geschieht hier gar nichts.

Auf das Kerosin werden nicht einmal Steuern erhoben, während die Spritkosten für die Autofahrer durch Steuern extrem hoch sind.

Massenweise Billigflüge sind aus Umweltgesichtspunkten wohl das Letzte, was wir brauchen.

Der Autor kann auch aus eigener Erfahrung ein Beispiel aus der Textilindustrie geben. Viele Textilien müssen aufwendig und unter strengen Auflagen chemisch behandelt werden. An diesen Auflagen gibt es ja auf den ersten Blick nichts auszusetzen.

Bloß gibt es diese Produktionsstufen in Deutschland kaum noch, man hat sie mit überzogenen Forderungen hinausgeekelt und unterliegt dann dem Glauben, dass etwas für die Umwelt getan wurde.

Unter viel geringeren Umweltschutzauflagen werden die gleichen Textilien jetzt in Osteuropa oder in Asien verarbeitet.

Der Nutzen der Verlagerung ist eigentlich ein Schaden, sowohl für unsere Arbeitsplätze als auch für die Umwelt. Man übersieht einfach die globalen Auswirkungen.

Wenn bei uns schließlich die Industrie oder deren Reste erhalten bleiben, so sind es oftmals nur die sogenannten Schraubenzieherfabriken. Die benötigten Teile kommen aus aller Welt und werden mehr oder weniger nur noch zusammengeschraubt.

Mit Produktion hat das nicht mehr viel zu tun, es handelt sich eher um eine Industriehülle.

Nebenbei gesagt, der Aufwand, die Teile aus der ganzen Welt mit Schiffen, Flugzeugen und Lastwagen herzuschaffen, bedeutet eine enorme Zunahme der Warenströme. Hier spielt es auf einmal keine Rolle mehr, wie viel Schweröl, Kerosin und Diesel für den Transport verbrannt werden.

Nicht dass der Autor falsch verstanden wird, natürlich muss man der Industrie Auflagen machen. Sie darf nicht ohne Kontrolle bleiben, aber wenn der Bogen überspannt wird und ohne Not einfach Produktion in Länder mit wachsweichen Umweltgesetzen verlagert wird, was soll das dann bringen? Es braucht einen Mittelweg, damit nicht sinnlose oder gar schädliche Entwicklungen entstehen.

Von Produktionsverlagerungen allein wird die Welt nicht sauberer, ganz bestimmt nicht.

*Wer der Meinung ist, dass der Riese Kapitalismus Natur und Menschen zerstört, wird hoffen, dass man ihn fesseln und wieder in die Schranken zurückführen könnte, aus denen er ausgebrochen ist. Mir scheint, solche Versuche werden kläglich scheitern müssen. Er, der die eisernen Ketten der ältesten Religionen zersprengt hat, wird sich gewiss nicht mit den Seidenfäden einer Weisheitslehre binden lassen.*

Werner Sombart

# Kapitel L

## Tricks von oben und von unten

Fakten schaffen – Der Trick von oben

Die europäische Zentralbank – kurz EZB – kauft seit Jahren Anleihen der europäischen Staaten auf.

Damit werden die Schulden der einzelnen Staaten erträglicher, weil die Zinsen auf diese Kredite niedrig bleiben. Ob diese Käufe sinnvoll oder schädlich sind, sei hier dahingestellt.

Hier geht es darum, dass die EZB eigentlich gar kein Mandat dazu hat, sie macht es trotzdem und schafft einfach Fakten.

Natürlich wird kräftig dagegen geklagt, aber der Klageweg ist lang und beschwerlich. Egal, welches Urteil einmal gesprochen wird, es wurden längst für Abermilliarden Euro Anleihen gekauft, unabhängig davon, ob das rechtlich zulässig ist oder nicht.

Dieser Sachverhalt lässt sich auch auf andere Rechtsbereiche übertragen.

Fakten schaffen ist der Zaubertrick für die staatlichen Institutionen und bedeutet trotz gegenteiliger oder unklarer Rechtslage die Bürger vor vollendete Tatsachen zu stellen.

Sie ist also die »elegante« Umgehung der Bürokratie durch den Staat.

Bevor Gerichte Urteile fällen, vergehen sowieso Jahre.

Mit dieser Methode bricht der Staat seine eigenen Regeln. Dank des trägen Rechtsstaats kann es lange dauern, bis Ge-

richte die eigentlich nicht konformen Vorschriften oder Aus-
legungen wieder einkassieren.

Das wird bewusst so in Kauf genommen und ist dadurch
eine kalkulierte Aushebelung der Gesetzeslage.

Auch die Verwaltungen setzen sich über so manche Vorschrift
hinweg, wohl wissend, dass der Klageweg lang und beschwerlich ist.

## Dienst nach Vorschrift – Der Trick von unten

Würden die Leute im bürokratischen System Dienst nach
Vorschrift machen, das Superchaos wäre vorprogrammiert.

Dienst nach Vorschrift ist die Bekämpfung der Bürokratie
von unten, also durch den »kleinen Mann«.

Sie läuft auf eine Art Streik hinaus. Weil alles den Vorschriften gemäß haarklein ausgeführt wird, funktioniert nichts
mehr. Es handelt sich also nicht um Arbeitsniederlegung,
sondern um peinlich genaue Ausführung der Anweisungen,
die automatisch den Arbeitsablauf rigoros verzögern. Auf
Eigeninitiative zur Beschleunigung der Vorgänge wird dabei
konsequent verzichtet.

Der Haken an der Sache besteht darin, dass Dienst nach
Vorschrift sehr schwierig durchzuhalten ist.

Man legt sich nicht nur mit Vorgesetzten an, die nicht
verstehen können, warum jetzt alles so genau zu machen
ist, sondern auch mit Kollegen, die darauf meist allergisch
reagieren.

Mit dieser Methode steht man in seiner Umgebung sehr

schnell alleine da. Es braucht dann schon einige Mitstreiter, um so einen »Streik« durchzuhalten.

Wer denkt bei diesem Thema nicht an unsere Chaostruppe Bundeswehr?

Die Bundeswehr ist ein Paradebeispiel, dass nach Vorschrift so gut wie nichts mehr funktioniert.

Die Soldaten sind in einem Vorschriftenkäfig gefangen und immer in Versuchung, daraus auszubrechen, damit wenigstens überhaupt noch etwas vorwärtsgeht.

Der Autor war in seinem Grundwehrdienst ein Jahr in einer Wachstaffel der Bundeswehr und hat dort selbst einmal Dienst nach Vorschrift durchexerziert. Zu den Aufgaben in der Wachstaffel gehört die Kontrolle der Ausweise der Bundeswehrangehörigen am Kasernentor.

Wenn man das ganz genau macht, bricht der Einlass der Soldaten am Tor zusammen. Mit wenigen Kameraden haben wir damals Tausende von Bundeswehrausweisen bemängelt, weil die Stempelfarbe in den Ausweisen nicht wie vorgeschrieben schwarz, sondern meistens blau war. Sofort handelte man sich den Ärger mit Vorgesetzten ein und auch das Unverständnis derjenigen Kameraden, die da nicht mitmachen wollten.

Zurzeit sollen beim »Bund« die wenigsten Geräte, ob U-Boot, Panzer oder Flugzeug, einsatzbereit sein.

Wird da etwa nach Vorschrift gearbeitet?

Und überhaupt stellt sich die Frage, was schlimmer ist, eine funktionierende oder eine nicht funktionierende Bürokratie.

Diese Frage ist nicht leicht zu beantworten:

Wenn die Bürokratie funktioniert, also die Anweisungen genau umgesetzt werden, dann geht nichts mehr voran.

Wenn die Bürokratie nicht funktioniert, also die Anweisungen schludrig ausgeführt werden, dann wird nicht das gemacht, was eigentlich angeordnet ist.

# Kapitel M

## Computer sind doof!

*Der Papierkrieg nimmt nicht ab, er wird stetig zunehmen. Und die Menschen werden immer hilfloser.*

Joseph Weizenbaum

Man denkt, dass die Computer gerade bei standardisierten Abläufen eine große Hilfe sind, aber das stimmt nur auf den ersten Blick.

Computer können kein Chaos beseitigen, dazu müsste man zuerst die Bürokratie selbst durchforsten und auf einfachere und schnellere Verfahren durchleuchten.

Für einen effizienten Computereinsatz müsste die komplette Organisation der Behörden auf den Prüfstand.

Dabei geht es nicht ohne aktive Mitarbeit der Beamten und Angestellten, die sich nur ungern von ihren liebgewonnenen Gewohnheiten trennen.

Eine neue Technik ist schnell angeschafft, aber wie soll die Umstellung darauf erfolgreich verlaufen?

Ohne grundlegende Änderungen im System kann keine noch so gute EDV an den alten Zuständigkeiten und Hierarchien etwas verändern.

Es braucht mehr dezentrale Verantwortung, die meist nicht gewünscht wird. Die Vorgaben kommen ja traditionellerweise bis ins Detail von oben herab. So einfach lassen sich daher die Vorgänge vor Ort nicht rationeller erledigen.

Am eigentlichen Rechtschaos kann der Computer gar nichts ändern, für ihn bleibt nur die Abarbeitung einfacher Standardarbeiten. Beim typischen Perfektionismus im deutschen Rechtssystem kann der Computer also nicht so viel ausrichten.

Paradox ist aber, dass durch den Computer die Bürokratie erst zu richtigen Höhen aufsteigen kann. Wie ist das möglich?

Komplizierte Abrechnungen, noch mehr Belegsalat an allen Ecken und Enden, ohne Computer wäre das gar nicht zu schaffen.

Stellen Sie sich einmal vor, jemand müsste heutzutage unsere Lohnabrechnungen von Hand ausrechnen. Hier kann man erkennen, dass Computer das Bürokratie-Leben nicht nur einfacher machen, sondern die Situation in manchen Fällen verschlimmern. Die unverständlichen Abrechnungen sind erst durch die moderne Technik möglich geworden.

Natürlich sind Computer nützliche Helfer beim Buchen und anderen Vorgängen. Sie erlauben aber eine viel kompliziertere und umständlichere Art der Abläufe und sind dadurch ein zweischneidiges Schwert.

Gäbe es keine Computer mehr, müsste man viele Vorgänge vereinfachen, weil das von Hand keiner mehr verarbeiten könnte.

Computer erwecken die Illusion, dass es ohne sie nicht mehr gehen würde, aber es ist umgekehrt: Ohne die Technik müssten die bürokratischen Abläufe vereinfacht werden.

Auch das Internet ist keine große Hilfe.

Dank Google meint heutzutage jeder sein eigener Arzt zu sein, man recherchiert nach Symptomen, Krankheiten und Nebenwirkungen.

Abgesehen davon, dass die Ergebnisse so manchen Ärzten die Haare zu Berge stehen lassen, geht das Suchen im Internet bei Rechtsthemen noch holperiger vonstatten.

Auch hier sind die Helferlein der Technik – in diesem Fall das Internet – ziemlich machtlos. Jeder Fall ist anders und es ist viel zu aufwendig, in dem trüben Meer der Suchmaschinen den für sich passenden Fall zu finden. Ohne persönliche und teure Rechtsberatung kann man einem rechtlichen Sachverhalt kaum beikommen.

Schon allein die ständigen Änderungen der Rechtslage machen es fast unmöglich, mit dem Medium Internet erfolgreich zu arbeiten.

Es gibt noch einen Nachteil, der durch den Computer droht:

Alles wird nur noch in Zahlen ausgedrückt und wahrgenommen. Es werden Unmengen von Daten ausgespuckt, aber wer kann diese Massen von Daten ordnen und bewerten? Daraus folgt ein Realitätsverlust, weil qualitative Kriterien viel zu kurz kommen.

Ein Computer kann nicht feststellen, wie überflüssig und umständlich so manche Arbeit ist.

# Kapitel N

## Warum wächst uns die Bürokratie über den Kopf?

*Analysieren, planen, anordnen, vorgeben und kontrollieren sind die Vokabeln der traditionellen Vorgehensweise. Zusammenwirken, ausprobieren, versuchen, scheitern, in Kontakt bleiben, den Kurs ändern, anpassen und modifizieren sind einige der Vokabeln moderner Unternehmensführung.*

Thomas Peters, Robert Waterman

Wie bei allen schlechten Organisationen stinkt der Fisch vom Kopf her!

Unmengen von Gesetzen, Verordnungen und Urteilen lasten auf den Verwaltungen und Apparaten des Staates. Ständig kommt Neues hinzu und all das muss verarbeitet werden.

Niemand mistet den Gesetzeswald aus und sorgt für mehr Überblick im Gesamtsystem.

Welche Strategien könnten uns helfen, die Situation zu verbessern?

Mit weniger Arbeitsteilung mehr erreichen!

Die strenge Arbeitsteilung verhindert eine flexible Anpassung der staatlichen Einrichtungen.

Diese Arbeitsorganisation stammt aus einem vergangenen Jahrhundert und hat sich längst überlebt.

In unserem Rechtssystem zählen immer noch strenge hierarchische Strukturen, wo Untergebene die Anweisungen ihrer Vorgesetzten erhalten und nicht mehr und nicht weniger auszuführen haben. Schöpferisches Arbeiten kann hier beim besten Willen nicht stattfinden.

Der rationale, also streng zweckgerichtete Aufbau der Bürokratie bedingt geradezu ihr Scheitern.

*Absolute Rationalität lässt sich einer Maschine gegenüber praktizieren; hat man es mit Menschen zu tun, muss die Logik oft zugunsten des Verstehens zurücktreten.*

Akio Morita

Es fehlt an Wettbewerb im System!

In anderen gesellschaftlichen Bereichen muss sich Neues gegenüber dem Alten durchsetzen. Bei unserem Rechtssystem wird einfach Gesetz auf Gesetz, Urteil auf Urteil draufgesattelt, nichts muss sich erstmal bewähren, es gibt keinen Versuch und Irrtum, sondern nur ein Mehr und Mehr.

Auf diese Weise plustert sich das Rechtssystem immer weiter auf und verkalkt. Das gilt nicht nur für die deutsche Bürokratie, sondern insbesondere auch für die EU-Bürokratie.

*Wir glauben, dass sich die wirklich anpassungsfähigen Organisationen nach den Prinzipien von Darwin entwickeln. Wir vermuten, dass einige der kreativsten Entwicklungen keineswegs auf genauer Vorausplanung beruhen.*

Thomas Peters, Robert Waterman

Auf Menschen setzen und nicht auf Pläne!

Der große Vorteil der freien Wirtschaft besteht darin, dass oftmals auf Menschen statt auf Pläne gesetzt wird. Was nützt der beste Plan für eine Neuerung, wenn das dafür qualifizierte Personal gar nicht zur Verfügung steht? Ein Scheitern ist dann geradezu vorprogrammiert.

Lieber ein schlechter Plan, den man schnell ändern kann,

und die dafür passenden Führungspersönlichkeiten als einen guten Plan mit den falschen Leuten ausführen, das geht fast immer schief.

*Mit schlechten Gesetzen und guten Beamten lässt sich immer noch regieren. Bei schlechten Beamten helfen uns die besten Gesetze nichts.*

Otto Fürst von Bismarck

Es braucht Ziele statt haarkleiner Anweisungen!

Organisationen, denen man die Luft zum Atmen lässt, arbeiten besser nach Zielvorgaben und sind relativ frei, wie sie diese Ziele erreichen können. Genaue Anweisungen bremsen den Arbeitsablauf nur.

Dadurch entsteht auch eine Art »innerer Wettbewerb« in der Organisation.

*Wir stellten fest, »dass das Kräftemessen mit Kollegen weit stärker motivierte als Anweisungen der Vorgesetzten«.*

Thomas Peters, Robert Waterman

# Kapitel O

## Weniger Bürokratie wagen!

Brauchen wir denn wirklich immer mehr Bürokratie?

Manchmal könnte man meinen, dass wir nichts Besseres zu tun haben, als den Bürokratiestaat auf die Spitze zu treiben.

In Anlehnung an Willy Brandt mit seinem Leitsatz »Mehr Demokratie wagen« sollten wir weniger Bürokratie wagen.

Wir schreien aber bei jeder Kleinigkeit nach dem Staat und fordern noch mehr Gesetze und Regelungen.

Es entsteht ein Teufelskreislauf, wir versinken im Sumpf der Bürokratie und verlangen nach noch mehr Vorschriften, was uns erst recht weiter in den Sumpf zieht.

Es gibt kaum Möglichkeiten, aus dieser Mühle an Vorschriften und Gesetzen auszubrechen. Das System verteidigt sich nachhaltig, weitet sich aus und packt uns wie ein riesiger Krake.

Die kleinste Änderung zieht ein Heer an Bürgern und deren Anwälte nach sich, die mit Zähnen und Klauen ihre Besitzstände wahren, immer mit dem fragwürdigen Hinweis, dass wir doch einen Rechtsstaat haben.

Es ist schon verwunderlich, dass gerade von den Beamten und Verwaltungsangestellten selbst nicht mehr Kritik an der Bürokratie zu hören ist, obwohl sie ja tagtäglich mit ihr umgehen müssen.

Mir scheint, dass sie ihre Nische gefunden haben, in der sie sich auskennen und mit dem System einigermaßen in Frieden leben.

Sie müssen sich ja auch nicht wie die Bürger ständig mit bürokratischen Sachen herumschlagen, von denen sie keine Ahnung haben. In ihrem Bereich haben sie feste Vorgaben und sind im Allgemeinen ganz zufrieden mit ihrer Arbeit.

Notfalls können sie sich darauf berufen, dass sie »nicht zuständig« sind, und auf eine andere Stelle verweisen.

Vielleicht sind sie auch nur betriebsblind geworden, weil sie sich an das System gewöhnt haben.

In jedem Fall braucht man von ihnen keine grundlegenden Änderungen der Bürokratie erwarten, dafür haben sie sich mit dem System viel zu gut arrangiert. Wie heißt es so schön: »Wes Brot ich ess, des Lied ich sing!«

Der Alptraum für die Bürokratie ist der rechtsfreie Raum. Die Regelungswut kennt keine Grenzen und verlangt unersättlich nach mehr Vorschriften. Wenn in Deutschland irgendetwas ohne Regeln funktioniert, muss trotzdem eine meist schlechte Regel her, damit es dann kompliziert wird.

Warum wollen so viele den Bürokratiestaat?

Wir Deutsche wollen auch die geringste Kleinigkeit geregelt und von oben abgesegnet haben. Wir genießen das lockere Leben im Urlaub in fernen Ländern und zuhause angekommen verklagen wir unseren Nachbarn wegen einer Kleinigkeit.

Bestimmt hängt das noch mit dem alten, übertriebenen Ordnungssinn des deutschen Obrigkeitsstaats vergangener Zeiten zusammen. Nichts können wir selbst regeln, alles muss von oben – also vom Staat – abgedeckt werden.

Manchmal entsteht der Eindruck, dass unser Volk geradezu süchtig nach mehr Bürokratie ist.

Warum gibt es sonst bisher keine einzige Partei oder Bewegung, die sich gegen den Wahnsinn der Bürokratie stemmt?

*Flexibilität, Anpassungsfähigkeit – ich glaube nicht, dass das die Dinge sind, die wir heute benötigen, wenn es darum geht, unsere Institutionen zu zwingen, sich uns anzupassen.*

Robert C. Townsend

# Kapitel P

## Bürokratieabbau – bla, bla, bla

*Eine einmal voll entwickelte Bürokratie gehört zu den am schwersten zu zerstörenden sozialen Gebilden überhaupt.*

Max Weber

Alle bisherigen Versuche, die deutsche oder europäische Bürokratie auch nur ein bisschen aufzuweichen, waren bloße Lippenbekenntnisse und sind kläglich gescheitert.

Beim Bürokratieabbau drängt sich der Vergleich mit Sisyphos auf, der tragischen Gestalt aus der griechischen Unterwelt.

Die Strafe des Sisyphos bestand darin, einen Felsblock einen steilen Hang hinaufzurollen. Ihm entglitt der Stein jedoch stets kurz vor Erreichen des Gipfels und er musste immer wieder von vorne anfangen.

Heute nennt man deshalb eine Aufgabe, die trotz großer Mühen nie abgeschlossen wird, Sisyphusarbeit.

Wer will bestreiten, dass die Entflechtung der Bürokratie einer Sisyphusarbeit gleicht?

Es gibt sie schon, die zarten Versuche, Bürokratie abzubauen, aber da ist immer die Gefahr, dass noch eine zusätzliche Bürokratie entsteht, nur um eine andere ein bisschen zurückzudrängen. Gäbe es ein Ministerium für Bürokratieabbau, so würde mit ihm die Bürokratie sicherlich noch weiter anwachsen.

Die Bürokratie wäre nicht sie selbst, wenn es nicht eine Menge Ausreden gäbe, warum man ihr kein Haar krümmen darf:

Der Rechtsstaat würde ausgehöhlt werden, die Demokratie wäre gefährdet, das Ganze würde sich nicht mit EU-Recht vertragen und so weiter und so fort.

Hier ein paar Vorschläge, wie es doch funktionieren könnte:

Nicht alles regeln!
Der Staat darf nicht alles regeln, das kann zum Beispiel heißen, den Behörden vor Ort Ermessensspielräume zu gewähren, also Entscheidungen nach unten zu verlagern. Somit wird die Eigenverantwortung der zuständigen Behörde gestärkt und auf Einzelfälle – insbesondere Härtefälle – kann mehr Rücksicht genommen werden.

Dazu gehört aber nicht mehr und nicht weniger als der Abbau von Gesetzen und Vorschriften. Diese Aufgabe wäre bestimmt besonders heikel.

Einfache Regeln!
Es braucht einfache Gesetze. Einfachheit und Verständlichkeit sollten das oberste Gebot für die Erstellung von Gesetzen sein. Statt bürokratische Monster sollen es einfache und überschaubare Systeme sein.

Eine der Todsünden unseres Rechtssystems besteht darin, es jedem recht machen zu wollen und alles bis ins kleinste Detail zu regeln.

*Aller Charme des Lebens ist nur möglich, wenn wir die Kunst erlernen, in edler Einfachheit zu leben.*

Mahatma Gandhi

Mehr Transparenz!
Die jetzigen Regelungen sind kompliziert und eher diffus

als klar und sie sind schwer nachvollziehbar. Dadurch geht viel Akzeptanz in der Bevölkerung verloren.

Mit mehr Transparenz würde der Staat viel Frust von den Bürgern nehmen.

### Über den Tellerrand schauen!

Wir sollten viel mehr über den nationalen Tellerrand schauen.

Wie wird das in anderen Ländern gehandhabt? Was funktioniert dort besser? Was können wir von anderen übernehmen? Was ist für uns praktikabel?

Wir brauchen nicht mit jedem Gesetz das Rad neu erfinden!

### Gesetze befristen!

Man kann Gesetze zeitlich befristen, sozusagen mit Verfallsdatum ausstatten. Dadurch wird vor Ablauf der Frist automatisch geprüft, ob sich das Gesetz bewährt hat und ob man es noch will.

### Vorschlagswesen einführen!

Warum wird nicht ein Vorschlagswesen für Bürger und Beamte eingeführt, welche Maßnahmen helfen könnten, die Bürokratie einzudämmen? Die Leute vor Ort können am besten beurteilen, wo der Hase im Pfeffer liegt.

In dem Comic-Film »Asterix erobert Rom« gibt es die wunderbare Szene, wie die Helden Asterix und Obelix von der Bürokratie vorgeführt werden.

Als eine von zwölf Aufgaben müssen die beiden im »Haus, das Verrückte macht« den Passierschein A 38 besorgen. Niemand ist zuständig in diesem bürokratischen Labyrinth für die Erteilung von A 38. Sie hetzen kreuz und quer durch das ganze Haus und werden fast verrückt. Dann hat Asterix die geniale Idee und erfindet das Formular »Passierschein A 39, wie er im neuen Rundschreiben B 65 festgelegt ist«.

Jetzt hat er den Spieß umgedreht, denn die Verwaltungsangestellten rasen ihrerseits durch das Haus, um festzustellen, was in A 39 drinsteht. Zum Schluss macht das »Haus, das Verrückte macht« seinem Namen alle Ehre, weil das absolute Chaos ausbricht und die »Bewohner« vollkommen durchdrehen.

Im Film mit Asterix und Obelix gibt es ein Happy End. Sie bekommen in der völligen Verwirrung den Passierschein A 38. Schließlich haben die tapferen Helden die Bürokratie ad absurdum geführt und die Aufgabe bravourös bestanden.

Hoffen wir, dass es im echten Leben genauso gut ausgeht.

# Kapitel Q

## Fazit – Stillstand im Paragraphenland

In einer komplexen und schnelllebigen Welt hängt unser Recht den gesellschaftlichen Entwicklungen in allen Belangen hinterher.

Ständig gibt es neue technische, wirtschaftliche oder soziale Weiterentwicklungen, die mit dem geltenden Recht gar nicht abgedeckt sind.

Oftmals werden die Schlupflöcher von einer rechtskundigen, privilegierten Gesellschaftsschicht gnadenlos ausgenutzt.

Unser Rechtssystem hechelt also verzweifelt hinterher, wird unglaublich kompliziert und wird dadurch selbst zum »Haus, das Verrückte macht«.

Und wie steht es um Europa?

*Obwohl mit einer intelligenten, gebildeten Bevölkerung und einer reichen Kultur gesegnet, bleibt Europa überinstitutionalisiert und an nahezu unerschütterliche Traditionen gefesselt, die nur rückwärts und nicht vorwärts gerichtet sind.*

John Sculley

Das Friedensprojekt Europa ist geglückt, das wirtschaftliche Zusammenwachsen wird immer wackeliger, die Bürokratie ist ein einziger Graus.

Eigentlich ist es gar nicht möglich, aber die EU-Bürokratie setzt der deutschen Bürokratie noch eins drauf, damit die Verwirrung endgültig komplett ist.

Es besteht sogar die Gefahr, dass die europäische Bürokratie die Vereinigung Europas kaputt macht!

Europa spricht nicht mit einer Stimme, aber es mischt sich in die kleinste nationale Angelegenheit ein.

Viel zu komplexe Rechtssysteme verhindern den Fortschritt in allen gesellschaftlichen Bereichen.

Die EU ist noch weniger wandlungsfähig als Deutschland.

Wir haben schon genug eigene Bürokraten, wozu sollen wir uns von noch mehr Bürokraten aus Brüssel auf der Nase herumtanzen lassen?

Viele Entscheidungen im wirtschaftlichen und sozialen Bereich fallen mittlerweile in Brüssel und sind national kaum noch beeinflussbar.

Der Knackpunkt besteht darin, dass die nationalen Köche (Bürokraten) in Brüssel ihre eigenen Interessen verfolgen und den Gesetzesbrei erst recht verderben.

Die Aufgabe der deutschen Bürokratie ist dann zusätzlich zu ihrer nationalen Hauptarbeit die Überführung der Europavorgaben in deutsches Recht. Hier trifft dann Chaos auf Chaos und wir haben den Schlamassel.

Das Ganze nennt man dann Harmonisierung des Rechts.

Bei so vielen Köchen gestaltet es sich auf europäischer Ebene extrem schwierig, einmal in Kraft getretene Gesetze und Verordnungen wieder zu ändern oder gar abzuschaffen.

Beim beschlossenen Austritt Großbritanniens merkt man, wie verfahren die Rechtssituation ist. Man braucht unendlich viel Zeit, um aus dem wirren Geflecht der EU wieder herauszukommen.

Das EU-Recht ist noch weniger transparent als das deutsche Recht. Die Bürger haben keine Ahnung, worum es geht und ihnen wird auch nichts erklärt. Die Bürokratie aus Brüssel steht also zu Recht am Pranger.

Sollte die Europäische Union eines Tages scheitern, wird das erstarrte Chaos der Rechtssysteme einen großen Anteil daran haben.

# Kapitel R

## Ausklang

Warum ich das Buch geschrieben habe?

Natürlich auch aus persönlichem Frust mit dem ganz normalen Stress an privatem Papierkrieg, aber auch aus Sorge um die völlige Erstarrung des Staates, des Verlusts an Demokratie und an Freiheit in Deutschland und in Europa.

In unserem Leben darf nichts, aber auch gar nichts mehr ohne rechtliche Grundlage existieren, selbst die nebensächlichsten Dinge werden über Paragraphen definiert.

Der gesunde Menschenverstand wird ausgeschaltet, dafür wird in jeder nur erdenklichen Situation die Rechtslage geprüft. Wir wollen doch miteinander leben und nicht nur die Spielbälle eines veralteten Rechtssystems sein.

Und wie sollen denn unsere Bürokratiegesellschaften mit der Umweltverschmutzung, der wahrscheinlich größten Herausforderung der Menschheit, fertigwerden?

Lassen wir das Schlusswort Hubert Weinzierl, dem ehemaligen Vorsitzenden des BUND-Naturschutzes, und hoffen wir, dass er mit seiner »Vision der Lust« Recht behält:

*Da ist eine Art in die Phase der Übervermehrung geraten. Sie frisst ihren Lebensraum kahl, dann bricht sie zusammen. Neues wird nachfolgen, das Leben bleibt.*

*Die neue Philosophie des Lebendigen und der Verantwortung für die gesamte Schöpfung, sie kommt von unten. Und sie hat vor allem den Bürokraten und Wissenschaftlern und Experten und Computern dieses voraus: Liebenswürdigkeit und Phantasie.*

*Wir wissen, wie wir mit Energien, Rohstoffen, mit Boden, Wasser, Luft und Leben umzugehen hätten. Wir müssen es tun. Wir werden es tun. Weil wir eine Erde, ein gemeinsames Lebendiges in dieser Kälte des Alls sind, trifft die Erkrankung unserer Mutter Erde jede Zelle des Seins gleichzeitig.*